Jörg Zink

Ich werde gerne alt

Jörg Zink

Ich werde gerne alt

Wünsche für die goldenen Jahre

HERDER

FREIBURG · BASEL · WIEN

© Verlag Herder GmbH, Freiburg im Breisgau 2022
Alle Rechte vorbehalten
www.herder.de

Umschlaggestaltung: Verlag Herder
Umschlagmotiv: © FredFroese/GettyImages
Vignetten im Innenteil: © provector/shutterstock.com
Satz: Carsten Klein, Torgau
Herstellung: GGP Media GmbH, Pößneck

Printed in Germany

ISBN Print 978-3-451-03361-2

Der vorliegende Band enthält die Texte von zwei Büchern des Autors mit Fotografien von G. und R. Lehmacher:

Ich werde gerne alt (Herder 2014)

und

Mehr als drei Wünsche (Herder 2015)

Inhalt

Ich werde gerne alt 9

Mehr als drei Wünsche 63

Über den Autor 103

Ich werde gerne alt

*E*s ist deutlich: Ich werde alt.
Neulich stand ich im Garten,
an einem lauen und schönen Abend,
die Gartenschere in der Hand.
Drei Schritte seitwärts meine Frau.
Sie sagte etwas, aber ich verstand sie nicht.
Ich höre nicht mehr wie früher
und frage zurück.
Sie möchte wissen,
ob ich Mittwochabend Zeit hätte.
Sattlers wollten vorbeischauen.

Mein Kalender liegt im Untergeschoss.
Ich gehe die Treppe hinab
und merke unten:
Ich habe vergessen, weshalb ich herabkam.
Es fällt mir wieder ein: Ach ja! Die Freunde.
Beim Griff nach dem Kalender
stelle ich fest:

Die Brille liegt oben.
Ich gehe also wieder nach oben, sie holen,
und komme zurück.
Schließlich finde ich den Mittwoch.
Ich habe Zeit.

Als ich zum zweiten Mal die Treppe steige,
Stufe für Stufe,
fühle ich einen leisen Druck in den Knien.
Und oben muss ich noch einmal suchen:
Wo habe ich nur die Gartenschere gelassen?
Ich werde alt, kein Zweifel.

Aber merkwürdig: Ich finde es schön.
Was schadet's,
dass mir Namen entfallen,
die mir gestern genannt wurden?
Dass alles langsamer geht,
auch mühsamer natürlich?
Ich werde gerne alt.

Ich bin im Ruhestand, wie man sagt.
Ein älterer Bischof – er war ein Preuße –
vertrat allen Ernstes den Satz:
»Ein Christ ist immer im Dienst.«
Diese Irrlehre ist verbreiteter,
als man denkt.
Es gilt als verdienstvoll,
wenn einer sein Alter mit Pflichten anfüllt.
Mancher spottet dann, »i. R.« heiße
»in Reichweite«
und »a. D.« solle wohl heißen
»auf Dienstfahrt«.

Alles blühender Unsinn.
Ich habe es jetzt schön wie der alte Ahorn,
der mir kürzlich in den Bergen begegnet ist.
Ich darf einfach da sein und leben.
Endlich bin ich erwachsen
und ein freier Mensch!

Ab jetzt brauche ich nur noch
am Schreibtisch zu sitzen,
wenn mich die unbändige Lust
zu arbeiten überfällt.
Es ist vorbei mit geschwätzigen
Konferenzen.
Ich brauche nichts mehr zu werden,
nichts zu erreichen.
Niemand muss mich noch gut finden.

Was ich früher tat,
ist nun Aufgabe der Jüngeren.
Sie machen fast alles anders. Gut so.
Ich habe in meiner Zeit auch fast alles
anders gemacht als die Alten.
Den Jüngeren wünsche ich
ein gesegnetes Tun
und Gottes Beistand.

ber ich selber? Ich darf einfach »sein«.
Ist das nichts?
Ich gedenke es zu genießen,
solange mir Gott seine Sonne scheinen lässt.
Nun kann ich
vor dem Haus meiner Seele sitzen.
Bilder aus meiner Fantasie
begleiten mich durch den Garten.
Die Gestalten meiner Erinnerung
gehen aus und ein
und reden mit mir über längst Gewesenes.
Ich schaue den Bäumen zu,
wie sie ausschlagen,
blühen und Früchte tragen,
wie sie die Blätter verlieren,
wie Schnee sie deckt,
wie sie wieder grünen
und allmählich wachsen.
Ich werde gerne alt
und danke Gott für jeden Tag.

In diesem kleinen Buch begleiten uns
Abbildungen von Bäumen.
Viele Bäume sind hundert bis dreihundert
Jahre alt und manche noch älter.
Sie stehen auf ihrem breiten Wurzelwerk
in der Fülle gewachsener Kraft
oder als langsam vergehende,
allmählich schwindende Reste
zwischen den jüngeren Bäumen.
Ich liebe die alten Bäume
in ihrer Kraft und ihrer Zerbrechlichkeit.
Es gibt eine seltsame Verwandtschaft
zwischen uns Menschen und Bäumen,
und ich wandere gern ein paar Stunden,
um einen bestimmten Baum zu besuchen,
der nach einem halben Jahrtausend noch
grünt oder im Winter als harte,
eindrucksvolle Struktur
vor einem grauen Himmel steht.

Ich sehe das nicht romantisch.
Es geht mich persönlich an.
Es geht um meine eigene Lebendigkeit,
mein Wachstum, mein Stehvermögen
bis in meine späten Jahre.

*I*ch weiß, es ist nicht selbstverständlich,
dass einer gerne alt wird:
Die Kräfte nehmen ab.
Die Sinne werden müde,
Krankheiten kommen, Schmerzen.
Die täglichen Dinge werden beschwerlich,
das Gedächtnis täuscht.
Die Tage erscheinen kürzer,
die Nächte länger.
Die Freunde gehen. Die Eltern.
Die Geschwister.
Schwermut schleicht sich ein,
Angst vor dem, was kommt.
Man fühlt sich entbehrlich
inmitten der Gedankenlosigkeit
und Herablassung jüngerer Leute.

Es ist ein langes Lied, das da zu singen wäre.
Man fühlt sich isoliert,
fällt anderen zur Last.

Der Körper verändert sich
und wird unansehnlich.

Dennoch sage ich das Gegenteil.
Altwerden
ist die vierte Jahreszeit unseres Lebens.
Ich möchte sie Schritt für Schritt
kennenlernen.

Und die Angst?
Habe ich Angst?
Ich bin kein ängstlicher Mensch.
Ängstige ich mich vor dem Tod?
Nein. Das nicht.

Aber dass Schmerzen mich eines Tages
um die Selbstbeherrschung bringen,
dass eine Krankheit
mich nicht einsichtiger macht,
sondern zermürbt und zerstört,
davor habe ich Angst.
Dass eines Tages vielleicht all das,
was in meinem Leben misslungen ist,
vor mir steht und nicht weggehen will.

Ich weiß,
das Altsein ist vielen Menschen zu schwer.
Einsam vor sich hinleben, verlassen,
sich sehnend nach einem Menschen,

nach einer Berührung,
einem freundlichen Wort,
einem offenen Ohr für berechtigte Klagen.
Vielfach auch arm.
Abgeschoben. Vergessen. Nutzlos.
Gerade so weit versorgt,
wie es den Jüngeren nötig erscheint.

Und dennoch: Ich werde gerne alt.

Am Berghang über dem Haus,
in dem ich geboren wurde,
steht eine wunderbare Buche.
Es war ein »Bruderhof«,
gegründet von meinen Eltern,
nach dem Ersten Weltkrieg,
als sie sehr jung waren
und wie viele andere
einen Neuanfang suchten
im Umgang mit der Erde,
im Verstehen zwischen den Völkern
und im Umgang mit Geld und Wirtschaft.
Der Hof
gehörte mehreren Familien gemeinsam,
und niemand besaß privates Eigentum.
Ihr Vorbild und Leitbild
war die Gemeinde der ersten Christen.

Jahre später besuchte ich die alten Bäume,
unter denen ich als Kind gespielt hatte.

Hier war mir die Frömmigkeit
meiner Mutter sehr nahe.
Sie starb schon in sehr jungen Jahren,
fast noch ein Mädchen.
Sie war überzeugt,
nach all dem Unheil des Krieges
sei vor allem anderen das Eine nötig:
Christus nachzufolgen
und für sein Reich zu wirken.

Mein Leben lang wusste ich mich geführt.
Die Dankbarkeit bleibt und der Wunsch,
die immer entbehrte Mutter eines Tages
– in Gott – wiederzusehen.

*D*ankbarkeit wird im Alter
   ein Schlüsselwort.
Wofür sollte ich dankbar sein?
Für ein langes Leben vor allem.
Die meisten Freunde meiner Jugend
starben auf den Schlachtfeldern
des großen Krieges.
Ich selbst durfte leben. Lange Jahrzehnte.

Für Menschen danke ich, die ich liebte,
die mir wichtig waren,
Lehrer und Weggefährten.
Für reiche Erfahrung, für Tun und Werden
seit jenen fernen Tagen unter den Bäumen.

Wie sollte ich darüber klagen,
dass ich manchmal vergesse,
was vergangene Woche war,
da mir doch lange Jahre gegenwärtig sind,
als wären sie kurze Wochen gewesen,

und die Figuren des frühen Spiels beginnen,
aufs Neue ihr Spiel zu treiben?

Ich brauche nicht zu beweisen,
wie viel ich noch tauge,
wie viel ich noch kann.
Die kleinen Dinge werden es sein,
die irgendwann Zeichen waren
für Begegnungen und Erfahrungen.
Ein Bild an der Wand. Ein Stein.
Eine getrocknete Blüte. Ein Foto.
Und Briefe vor allem,
schriftliche Zeugen
der Morgen- und Mittagstage des Lebens.

Noch habe ich leicht reden.
Noch bin ich einigermaßen gesund.
Und vor allem: Die ich als junges Mädchen
heimlich verehrte, einen Krieg lang,
und dann, wieder im Frieden,

zur Frau nahm,
sie ist noch an meiner Seite
und teilt meine Tage mit mir.
So ist es vielleicht keine Kunst, alt zu sein.
Ich weiß.

Denn das ist doch der Traum
der späten Jahre:
einen stillen, warmen Abend lang
vor dem Haus zu sitzen,
gemeinsam, auf einer Bank, und zu ruhen.

Sonst muss nicht viel geschehen.
Es muss nur weiterhin gelten,
was ein Leben lang galt,
denn auch Augenblicke des Verzagens
sind zu erwarten,
in denen einer für beide
den Mut und das Vertrauen bewahren muss.
In denen einer dem anderen zuhört,

die Hand hält, an früher Erlebtes erinnert.
Für ihn vor Gott bringt,
was da zu tragen ist.

Auch wenn ihre Kräfte abnehmen,
sind sie doch beide weiter geliebt.
Und was gäbe es, das besser wäre?

*K*leine Tätigkeiten werden es sein,
die unseren Tagen ihr Gesicht geben.
Füreinander den Tisch decken.
Miteinander einkaufen.
Überhaupt – solange wir beide leben –
möglichst alles gemeinsam tun,
auch wenn jeder es für sich allein tun könnte.

In dem, was entsteht, Liebe verstecken.
Ein Schaukelpferd für die Enkel bauen
zum Beispiel,
aus gewachsenem Holz, mit rotem Sattel
und ledernem Zaumzeug.
Die Zeit rinnen lassen. Nichts eilt.
Die Stunden sitzen gemächlich dabei
und schauen zu.
Und nur noch Dinge tun,
die auch dann sinnvoll bleiben,
wenn ich sie schlicht wiederhole.

Das muss nicht bedeuten,
dass ich die große Welt draußen vergesse.
Kann ich nicht im Gegenteil jetzt
noch unbekümmerter sagen,
was die Welt meiner Enkelkinder bedroht
und was ich politisch als dringlich erkenne,
ohne die Sorge,
mich unziemlich einzumischen?

Noch wichtiger aber wird sein,
auf den anderen gut achtzugeben.
Denn irgendwann kommt die Nacht
auch am freundlichsten Tag.
Irgendwann werden die Füße müde.
Dann ist es erlaubt und vernünftig zu sagen:
Ich kann nicht mehr, bitte hilf mir weiter.

Wenn der Tag lang war und mühevoll,
ist es Zeit,
aufzuatmen und ganz ruhig zu stehen
wie ein Baum am Lauf eines Wassers.

Man muss kein Held sein,
darf klagen und dabei wissen:
Es gibt keinen Grund, zu verzweifeln.

Und noch eins: Solange es Abend ist,
solange das Herz schlägt,
sollte niemand sich scheuen, zu lieben

und sich lieben zu lassen.
Auch wir alten Menschen
brauchen die Nähe eines Herzens,
einer zärtlichen und behutsamen Seele,
und brauchen uns dessen
nicht zu schämen.

*E*in alter Mensch
hat eine Art Truhe in sich,
gefüllt mit Erfahrungen, nein:
mit einer Mischung
aus Erfahrung und Irrtum.

Und es ist wichtig, die Irrtümer zu erkennen.
Zum Beispiel, wenn man meint:
Was für mich galt,
ist Gottes Wille für alle Menschen.
Oder: Die Jungen machen alles falsch.
Oder: Die Jungen sollten uns Alten
dankbar sein.
Oder: Die Jungen können ihr Leben nicht
meistern ohne unsere lange Erfahrung.
Ich weiß, es ist ein Jammer
um die reichen Schätze,
die mit uns ins Grab gehen werden.
Aber Erfahrungen macht jeder Mensch selbst,
sie lassen sich nicht vererben.

Oder: Meine Kinder sind meine Kinder,
solange ich lebe. Irrtum:
Sie sind erwachsene Menschen.

Oder: Ich muss ihnen sagen,
dass ich mich sorge
um ihre Zukunft. Irrtum:
Begleiten wir sie, wenn sie es wollen,
denken wir mit ihnen. Beten wir für sie
und verdüstern wir ihnen nicht die Sonne.

Das Alter besteht aber
nicht nur aus unseren Irrtümern,
sondern lebt auch aus der Wahrheit,
dass uns die späten Jahre
von Gott zugedacht sind,
damit wir sie füllen und sie genießen,
solange wir die Kräfte haben.
Wer sich im Alter
ein strenges Leben auferlegt,
wird oft hart und scharf.
Wer genießbar für andere bleiben will,
muss auch selbst genießen können.

Bei aller Mühe werden wir nicht erreichen,
in allem eins zu sein mit dem Willen Gottes.
Aber wir können es immer wieder versuchen:
Wenn uns Gott einen schönen Tag gibt
und wir ihn von Herzen genießen,
erfüllen wir seinen Willen.

Der Prediger Salomo sagt:
»Süß ist das Licht
und lieblich für die Augen,
die Sonne zu sehen. Lebt einer viele Jahre,
so sei er fröhlich in ihnen allen
und denke an die Tage der Dunkelheit,
deren viele kommen.«

»Der Heitere«, sagt William Shakespeare,
»ist der Meister der eigenen Seele.«

Achten wir auf das, was wir sehen.
Wer seinen Augen erlaubt,
in jedes Dunkel zu schauen,
sieht überall Schatten
und wird am Ende nachtkrank sein.

Wer nach Helligkeit ausschaut,
öffnet heilenden Kräften den Weg
in seine Seele,

gewinnt Kraft zu bejahen und zu lieben.
Wer auf das Licht achtet, wird gesegnet sein.

So wendet sich Gottfried Keller
in all seiner Schwermut an seine Augen
und sagt ihnen als alter Mann:

»… noch wandl' ich auf dem Abendfeld,
nur dem sinkenden Gestirn gesellt.
Trinkt, o Augen, was die Wimper hält,
von dem goldnen Überfluss der Welt!«

Und vielleicht ist jemand in unserer Nähe,
dem wir zeigen können,
was abseits der großen Dunkelheit leuchtet,
was blüht, was gelingt und gut ist,
was aus der Liebe Gottes und der Menschen
zu uns kommen will.

*D*enn leben kann man durchaus,
ohne zugleich alles wahrnehmen
und beurteilen zu müssen.
Wenn wir Dinge wahrnehmen,
die uns stören,
dann drücken wir ein Auge zu
– wir haben ja zwei.
Und manchmal
schließen wir am besten beide.

Wenn wir allein oder gemeinsam
auf der Bank
vor dem Haus unserer Seele sitzen
und die Erinnerung
in uns aus- und eingeht:
Gegen niemand einen Vorwurf festhalten.
Niemand anklagen für vergangene Dinge.
Von niemandem Dankbarkeit fordern.

Wenig von jeder Art Leistung halten,
der eigenen vor allem,
und lächeln über den Stolz,
der nicht loslassen will.
Allabendlich jeden Streit beenden.
Es ist nicht mehr viel Zeit.
Nichts Ungeordnetes
durch die Tage schleppen.
Anderen
mit leichter Hand ihre Schuld vergeben,
auch das eigene Versagen anerkennen.
Und danken für den gemeinsamen Frieden.

*I*ch weiß: Wir sollen lernen,
     uns zu fügen, wir Alten.
Das klingt gut, nur: in wen oder was?
In den Willen anderer, die uns helfen?
In die Armut, die andere uns verordnen?
In Krankheiten und in Gebrechen?
In den Willen Gottes?

Das Wort hat einen merkwürdigen
Doppelsinn,
denn ich empfinde mich selbst als »ungefügt«.
Es stimmt in mir noch lange nicht
eins zum anderen.
Was ich denke, was ich glaube,
was man mir ansieht,
was ich sage und tue
– es ist noch ganz ungefügt.
Erst indem ich mich in Gottes Willen füge,
mag auch das andere gelingen:
dass sich in mir etwas fügt.

Man sagt: »Sei gefasst!«, und rühmt es,
wenn jemand sein Leiden »gefasst«
auf sich nimmt.
Auch dieses Wort hat seinen Doppelsinn:
Es meint nicht nur, dass jemand
ein Leid »in die Hand fasst«,
sondern auch, dass er selbst »eingefasst« ist
wie ein Stein in eine wertvolle Fassung.
Sich eingefasst fühlen in die Liebe Gottes,
nicht nur in die eigene Willenskraft,
sondern in Güte.
Dies beides wird zu verbinden sein.

*E*s gibt Dinge,
auf die möchte ich mich verlassen.
Auf das Können der Ärzte zum Beispiel,
auf die Zuverlässigkeit derer,
die mir behilflich sind,
und vor allem auf die Weisheit Gottes.
»Sich verlassen« bedeutet:
Ich kann von mir weggehen,
aus mir heraus,
wie jemand sein Haus verlässt.
Ich muss mich nicht selbst beschützen,
mich nicht selbst festhalten.
Ich kann »mich verlassen«.

Das seltsame Wort meint also eigentlich:
Du gelangst erst auf festen Grund,
wenn du dich selbst »verlässt«.

Wer sein Leben
nicht selbst in die Hand nimmt,
sagt Jesus,
wird es gewinnen.
Er wird sich auf den festen Grund
verlassen können, auf dem sein Leben ruht:
die Güte und Weisheit Gottes.

Und so findet ein Mensch,
auf dem Boden des Verlässlichen,
zur »Gelassenheit«,
von der die Weisen
zu allen Zeiten sprachen.
Sie ist Ausdruck
lebenserfahrener Unabhängigkeit
und zugleich Bescheidenheit.
Sie ist Ausdruck
anhaltender Geistesgegenwart:
der Gegenwart des Geistes Gottes in uns.

Der Dichter Rainer Maria Rilke
schreibt in seinem Gedicht »Herbst«:

»Die Blätter fallen, fallen wie von weit,
als welkten in den Himmeln ferne Gärten.«

Ich liebe das herbstliche Fallen der Blätter.
Die vollen Kronen lichten sich,
und sichtbar wird ihre eigentliche Gestalt.
Der Stamm, die Äste, die Zweige.
Das Bild wird härter
als in der sommerlichen Fülle, klarer,
der Baum selbst wird erkennbar.

Immer schon
hat man mit dem Fallen der Blätter
heimliche Melancholie verbunden.
Todesahnung.
Aber ich sehe gerne das Spiel des Fallens.

Einziehen der Kräfte, Verwandlung
– das ist kein Tod.
Denn am Ende,
nicht vorstellbar für das fallende Blatt,
wird unter dem Schnee
das neue Laub sich bilden,
die Knospen,
denen der Herbst schon gehörte.

Schon der Herbst des Lebens
gehört dem neuen Leben,
auf das alles zuläuft, dem Leben,
das Gott in uns anfangen will.

Viele Jahre
habe ich gebraucht, um zu finden,
wer ich bin, was ich wert bin,
was aus mir werden kann,
wozu ich berufen bin.
Im Alter nehme ich Abschied
auch von der Mühe,
mich selbst aufzubauen.

Ich soll mich selbst nicht wichtig nehmen,
sagt Jesus.
Denn wer sich nicht wichtig nimmt,
hat jenen Überfluss an Kraft,
den wir die Liebe nennen.

Mansur al-Halladsch, der große islamische
Mystiker aus dem 9. Jahrhundert,
sagt in einem Gebet:

»Dieses mein Ich stellt sich, o Gott,
zwischen dich und mich.
Entferne, o Gott, in deiner Gnade,
dieses Ich aus unserer Mitte!«

Was aber zwischen Gott
und meiner Seele gilt,
das gilt auch zwischen mir selbst
und den Menschen, die ich liebe.

*D*er Gedanke meint aber nicht nur,
   ich solle abnehmen
und damit einverstanden sein.
Es liegt ja etwas ganz und gar Gegenläufiges
im zunehmenden Alter.
Denn nicht alles an uns wird nur alt,
sondern gegen die Grenzen unseres Lebens
hin will etwas Neues in uns beginnen.

Die Eingeweihten sagen es von jeher:
Etwas Großes und Wunderbares
will anfangen in dir.
Es ist wie ein Kind, das in dir wächst.
Ein Leben, das bleibt
– über das Ende dieses Lebens hinaus.
Ein Neuanfang in der Mitte deiner Seele.
Das Evangelium sagt: ein neuer Mensch.

Schütze also den stillen Raum,
in dem das geschieht,
und halte dich nicht mit Vergänglichem auf,
mit deinem Tageskram
und deinen Nachtgedanken.

Solange wir leben, arbeitet Gott an uns.
Und wo Gott wirkt, wächst immer Neues,
Lebenskräftiges, Heilendes und Erlösendes.
So auch in uns: der neue Mensch aus Gott.

*W*as tun wir aber mit dem,
was nicht gut war,
mit dem Misslungenen, Missratenen,
Missgetanen, Missgesagten?
Was falsch war, beschämend war oder böse?
Was tun mit den langen Stunden,
in denen wir immerfort daran herumdenken?
Was tun mit den vielen Erklärungsversuchen,
Gedächtnislücken
und bohrenden Nachfragen:
Wie und was, und wie oft, und warum,
und wann?

Die Zeit der Erinnerung ist kostbar.
Im täglichen Ankämpfen
gegen die Schuld langer Jahre verrinnt sie.
Sie könnte stattdessen gefüllt sein
mit Dankbarkeit.

Was also tun?
Zunächst Gott gegenüber,
dann wohl auch
gegenüber einzelnen Menschen
sagen, was war,
ohne Beschönigung und Erklärung.
Vergebung erbitten für das,
was nicht mehr gutzumachen ist.
Vergebung ist kein leeres Wort,
sondern die Erlösung für den,
der zu dem Gott Vertrauen fasst,
vor dessen Augen wir all unsere Jahre
gelebt haben.

Ob an mir die Äste krumm sind,
ist nicht das Wichtigste.
Sondern dass ich trotz allem
im Licht Gottes leben darf
an meinem Platz.

*E*s ist gut,
   gelegentlich einen Berg zu besteigen,
solange die Beine es können,
und einen Platz zu suchen
mit einer weiten Aussicht.
Dort alles vorbeiziehen zu lassen, was war,
wie einen Schwarm Vögel,
was schön war oder schwer oder groß.

Dabei wird sich vieles verändern.
Denn wie man die Vögel
nicht herbeirufen kann,
so konnte man, was geschehen ist,
nicht von sich aus bewirken.

Trotz unserer lebenslangen Mühe
– ist nicht im Rückblick alles
abseits unserer Bemühung
Führung gewesen?
Gnade? Wirkung einer fremden Hand?

Im Schwarzwald
steht neben Kiefern eine alte Buche.
Vor über hundert Jahren hat jemand
eine steinerne Christusfigur an ihr befestigt.
Der Baum nahm sie an
und wuchs um sie herum.

Vielleicht wird einmal
auch das Haupt des Christus ganz
von ihm eingeschlossen sein.
Dann würde die Rinde sich schließen
und niemand mehr wissen:
In diesem Baum ist Christus.

Darf ich mir so
das Ziel meines Lebens vorstellen?
Dass Christus in mich einwächst
und nun in mir ist,
und dass dies den Menschen ausmacht,
der ich am Ende bin?

*H*eiliges Geheimnis,
   mein Gott!
Ich denke zurück an all meine Jahre.
Nicht an meine Leistung denke ich.
Sie ist gering.
Nicht an das Gute, das ich tat.
Es wiegt leicht gegen die Last des Versäumten.

An das Gute,
das mir geschehen ist, denke ich.
An viele Menschen,
ihre Freundlichkeit und Güte,
von denen ich mehr empfing,
als ich wissen kann.
An jeden Tag und jede erquickende Nacht.
An deine Nähe
in den Stunden der Angst
und der Schuld.

An viel Schweres denke ich,
an Jammer und Mühsal,
deren Sinn ich nicht sehe.
Ich bitte dich: Wenn ich dir begegne,
zeige mir den Sinn.

Mein Werk ist vergangen,
meine Träume sind verflogen,
aber du bleibst.
Lass mich nun in Frieden heimkehren
zu dir,
denn ich habe deine Güte gesehen.

Ehre sei dir, dem Vater und dem Sohn
und dem heiligen Geist,
wie du warst im Anfang,
jetzt und ohne Ende,
von Ewigkeit zu Ewigkeit.

Und was geschieht mit dem,
was zurückbleibt,
was mir wichtig und lieb gewesen ist?

Es gibt ein schönes und wichtiges Wort,
das unsere Voreltern gebrauchten,
wenn sie ein gutes Abschiednehmen
meinten.
Sie sagten:
Er oder sie »segnete das Zeitliche«.

Segen ist die Kraft,
die Fruchtbarkeit bewirkt,
Wachstum und Gedeihen.
Segnen heißt
das Leben fördern und bejahen.
So segnet der Abschiednehmende
sein vergehendes Leben.
Er segnet das Zeitliche
und alles, was er geliebt hat.

Er schaut alles noch einmal dankbar
und freundlich an.
Er wendet seine abnehmenden Kräfte
den Zurückbleibenden zu
und gibt ihnen seine Liebe mit
auf ihren weiteren Weg.
Er gönnt ihnen ihre weitere Zeit.
Er wünscht ihnen Glück.
Er vertraut sie der Güte Gottes an.

So schließt er sein Leben in Liebe ab.
Und wird dabei zuletzt noch das Schönste,
das er werden kann:
ein Mensch, von dem Segen ausgeht.

*I*m Menschen,
  der sein Leben im Rückblick segnet,
verändert sich dabei das Bild
der eigenen Zukunft.
Was kommt denn als Nächstes?
Leiden und Sterben gehen vorüber.
Aber was wird dann sein?

Ihm weitet sich der Blick.
Der Horizont öffnet sich.
Als ich klein war, ließ mir ein alter Mann
Wasser über die Stirn laufen
im Namen des dreieinigen Gottes:
das Zeichen
für die Auferstehung aus dem Tod.
Ich wurde gesegnet.
Ich wurde dem anvertraut,
der das Leben gibt und das Gedeihen
und die Auferstehung.

Ich werde,
wenn ich untergegangen sein werde
in meinem kurzen Tod, auferstehen
und weitergehen
in eine Welt anderer Erfahrungen,
anderer Aufträge auch,
von denen ich noch nichts weiß.
Ich werde
mehr schauen und mehr verstehen,
als es mir während meines bescheidenen
Gastspiels auf dieser Erde gegeben war.

*D*enn glauben heißt ja:
    durch alles, was so dunkel vor mir steht,
hindurchschauen, als sei es aus Glas.
In großen Augenblicken
ist es mir geschehen,
dass die Dinge durchscheinend wurden
auf ein sehr fremdes Licht hin.

Dass mir dieses Wissen bewahrt wird
bis zum letzten Augenblick,
dass die dunkle Wand des Todes
sich auflösen wird
in schimmerndes Licht, das erbitte ich mir.

Glauben heißt hören,
wie das Leben als ein feiner und ferner Ton
in der Stille ausklingt.
In jener Stille, aus der sich am Ende
die reine Musik jener anderen Welt,
der ewigen Wirklichkeit, erhebt.

Was erwarte ich?
Nicht, was man ewige Ruhe nennt.
Das ist zu sehr von unserer Müdigkeit aus
gedacht.

Ich glaube, dass meine Wege weitergehen,
auch von Erkenntnis zu Erkenntnis,
dass ich einen neuen Raum erfahren werde
und dabei mehr verstehen von mir selbst,
von Gott, vom Sinn meines Schicksals,
von der Wahrheit dieser Welt.
Ich möchte wissen, .
wie es auf der anderen Seite aussieht.

Nach einer langen Zeit
des Aufenthalts auf einer Insel
nahm uns eines Abends
ein Schiff wieder mit,
und hinter den versinkenden Bergen
stand noch das Licht.

Nein, ich will nicht noch einmal jung sein.
Ich werde gerne alt
und danke Gott, dass er mir gegeben hat,
in ihm zu sein ohne die Grenzen der Zeit.
Immer weniger steht zwischen mir
und dem Leben,
dem ewigen, meine ich.
Ich stehe dort,
wo hinter den Bergen der Erde
das Licht ahnbar wird.

Mehr als drei Wünsche

Viele gute Wünsche habe ich für dich.
Aber ich möchte nicht
von »vielen Wünschen« reden.
Ich möchte sie einzeln nennen.
Ich möchte sie aussprechen,
einen nach dem anderen,
damit du weißt,
was für Gedanken mich bewegen.

Und zuvor möchte ich dir erzählen,
wie in alten Märchen immer wieder
ein Gast von der Straße an die Tür klopft
und bei armen Menschen Quartier erbittet.
Am anderen Morgen verabschiedet er sich
und es zeigt sich, dass er mehr ist
als nur ein Wanderer.

»Ihr habt drei Wünsche frei«, sagt er:
»Seht zu,
dass ihr euch etwas Gutes wünscht.«

Und dann erzählen die Märchen,
wie die einen sich ins Verderben wünschen
und die anderen ins Glück,
je nachdem, ob sie töricht sind oder klug.

Als ich auf einer Wanderung
rote Fliegenpilze stehen sah,
fiel mir dieser Wanderer ein
mit seinen drei Wünschen.
Sie gelten als Glücksbringer
und sind doch giftig.
Ihre leuchtende Farbe
könnte uns täuschen
und das Glück davonflattern
wie ein kleiner Schmetterling.

Ich stelle mir also vor,
der unbekannte Wanderer begegnete dir.
Er wäre dein Gast über Nacht
und am Morgen würde er dir
nicht nur drei Wünsche freistellen,
sondern dir zum Abschied
noch seine eigenen Wünsche sagen.

Was würde er dir wohl wünschen?
Vielleicht würde er
dich nachdenklich ansehen
und dann weitersprechen:

Ich wünsche dir nicht
ein Leben ohne Entbehrung,
ein Leben ohne Schmerz,
ein Leben ohne Störung.
Würde dann nicht etwas Wichtiges
fehlen in deinem Leben?

Ich wünsche dir aber,
dass du bewahrt sein mögest
an Leib und Seele.
Dass dich einer trägt und schützt
und dich durch alles, was dir geschieht,
deinem Ziel entgegenführt.

Dass du unberührt bleiben mögest
von Trauer, unberührt vom Schicksal
anderer Menschen,
das wünsche ich dir nicht.
So unbedacht soll man nicht wünschen.

Ich wünsche dir aber,
dass dich immer wieder etwas berührt,
das ich dir nicht so recht beschreiben kann.
Es heißt »Gnade«.
Gnade ist ein altes Wort,
aber wer sie erfährt,
für den ist sie wie Morgenlicht.

Man kann sie nicht wollen
und nicht erzwingen,
aber wenn sie dich berührt,
dann weißt du: Es ist gut.

Der alte Wanderer
könnte auch sagen:

Ich wünsche dir nicht einfach »alles Gute«.
Auch nicht »viel Erfolg« oder »viel Glück«.
Ich wünsche dir aber auch nicht ein Leben
ohne Mühe und ohne Herausforderung.

Vielmehr wünsche ich dir,
dass deine Arbeit nicht ins Leere geht.
Ich wünsche dir die Kraft
der Hände und des Herzens.

*W*as ich dir wünsche, möchte ich
mit einem alten Wort sagen,
dem Wort »Segen«.
Das bedeutet, dass Frucht wächst,
wo du gepflügt hast,
Brot für Leib und Seele,
und dass zwischen den Halmen
die Blumen nicht fehlen.

Denn wie der Mensch
nicht vom Brot allein lebt,
so wächst auch das Brot
nicht durch den Menschen allein,
sondern durch den Segen
von Erde und Himmel.

Das Brot wächst durch die Kraft dessen,
dem die Erde dient und der Himmel,
dem die Sonne dient und der Regen.

Dass in deiner Kraft seine Kraft ist,
das vor allem wünsche ich dir.

Gesegnet ist der Mensch,
  der sich auf Gott verlässt
und seine Hoffnung auf Gott gründet«,
schreibt der Prophet Jeremia:

»Der ist wie ein Baum,
am Wasser gepflanzt,
der seine Wurzeln zum Bach hinstreckt.

Wenn auch die Hitze kommt,
fürchtet er doch nichts,
sondern seine Blätter bleiben grün.

Er sorgt sich nicht,
wenn ein dürres Jahr kommt,
sondern bringt ohne Aufhören Früchte.«

*W*as weiter könnte ich dir wünschen?
Ich sehe den Baum vor deinem Haus
und wünsche dir nicht,
dass du der schönste Baum bist,
der auf dieser Erde steht.

Nicht, dass du jahraus, jahrein,
wie der Dichter sagt,
»leuchtest von Blüten an jedem Zweig«.

Aber dass dann und wann
an irgendeinem Ast eine Blüte aufbricht,
dann und wann etwas Schönes gelingt,
dass irgendwann und immer wieder
ein Wort der Liebe dein Herz findet,
das wünsche ich dir.

*D*er geheimnisvolle Wanderer
hat ein Lachen in der Stimme,
wenn er fortfährt und sagt:

Was ich dir wünsche?
Nicht, dass du unerschütterlich bleibst
wie ein Baum, so stark oder so reglos.

Aber ich wünsche dir,
dass du hin und wieder nach oben schaust,
wo die Kronen sind und der Himmel.
Dass du stehen bleibst
und nicht immer weiterrennst.
Dass du stehen lernst
und wachsen wie ein Baum.

Denn du bist nicht am Ziel.
Du hast eine Kraft in dir,
die auch im Baum ist:
die Kraft zu wachsen.

Du bist noch zu etwas berufen.
Bleib stehen. Schau nach oben
und fühle die Kraft aus Gott,
die in dir wachsen will.

*W*as ich dir wünsche?
Nicht,
dass du dein Leben verbringen kannst,
als hättest du nichts zu tun,
unberührt von den Sorgen des Alltags
und ungestört von den Menschen,
irgendwo in der Stille an einem See.

Aber das wünsche ich dir:
dass du hin und wieder eine Stunde hast,
in der nichts dich fordert.
Eine Stunde, in der deine Seele still liegt
wie Wasser in der Morgenfrühe
und das Licht des Himmels
sich in ihr spiegelt.

Ich wünsche dir,
dass du absehen lernst
von deiner eigenen Kraft
und stehen, zart und biegsam
wie ein Wollgras,
das in dem Seegrund Halt hat,
in dem es steht.

*D*er Dichter
des Psalms 139 schreibt:

»Du, mein Gott, hast mich geschaffen,
meinen Leib und meine Seele.
Du hast mich so fein gewoben
im Leib meiner Mutter.

Ich danke dir,
dass ich so wunderbar gemacht bin.
Wunderbar sind deine Werke,
meine Seele versteht das wohl.

Du warst mir schon nahe,
du sahst mich schon fertig vor dir,
als ich, den Menschen verborgen,
gebildet wurde und meine Gestalt fand.

Du sahst alle meine Tage und Jahre,
in deinem Buch standen sie alle,

alle meine Tage hast du aufgeschrieben,
längst ehe sie begannen.

Deine Gedanken sind so schwer und groß,
o Gott, wie gewaltig ist ihre Zahl!
Wollte ich zählen, so wäre es,
als zählte ich Sandkörner am Meer.

Und schliefe ich darüber ein,
so zählte ich weiter im Traum
und merkte erwachend,
dass ich weiterzählte und an kein Ziel kam.

Erforsche mich, Gott,
und erkenne mein Herz,
auch, was mir selbst verborgen ist.
Leite mich, dass ich mein Ziel finde,
jetzt und in Ewigkeit.«

Mit einem Augenzwinkern vielleicht
fährt der Wanderer fort:

Ich wünsche dir nicht,
dass dir irgendwo auf einem Waldweg
ein weißer Hirsch begegnet
oder ein Königssohn
oder eine Fee, die dich reich macht.

Aber dass du Augen hast zu sehen,
wenn dir auf deinem Weg
ein Wunder begegnet,
das wünsche ich dir.

Denn für die Wunder
brauchen wir keine Märchen,
sondern Augen, die sehen,
und ein Herz, das zu staunen
und zu danken versteht.

Ukrainische Bauern hatten
zum neuen Jahr einen Wunsch
voll sorglosen Humors,
in dem sie nicht Bäume
zum Gleichnis nahmen,
sondern Tiere:

»Gott schicke den Tyrannen Läuse,
den Einsamen Hunde,
den Kindern Schmetterlinge,
den Frauen Nerze,
den Männern Wildschweine,
uns allen aber einen Adler,
der uns auf seinen Fittichen zu ihm trägt.«

Ich weiß nicht, ob es genügt,
den Tyrannen Läuse zu wünschen,
für sie wären wohl kräftigere Wünsche nötig,
aber den Adler, ja, den Adler,
den wünsche ich dir.

Vielleicht meinten
die Bauern der Ukraine
die Liebe Gottes,
wenn sie von einem Adler sprachen.

»Ist Gott für uns«, sagt Paulus,
»wer mag wider uns sein?
Wer will uns scheiden
von der Liebe Gottes?
Traurigkeit oder Angst?
Verfolgung oder Hunger?
Entbehrung oder Gefahr oder Schwert?

Ich bin gewiss,
dass weder Tod noch Leben,
weder Zufall noch Schicksal,
weder das Unheil von heute
noch die Gefahr von morgen,
weder Kräfte in den Sternen
noch Gewalten aus der Tiefe

oder irgendeine andere Macht
uns scheiden können von der Liebe Gottes,
die uns in Jesus Christus begegnet,
unserem Herrn.«

Wenn du gut achtgibst, hörst du:
Ich wünsche dir nicht,
dass du »frei« bist und ohne Menschen
allein in einem fernen, weiten Land,
wo noch Raum ist,
auch wenn du dich dann und wann
danach sehnen magst.

Ich wünsche dir Freunde,
hilfreiche und störende,
solche, die du brauchst,
und solche, die dich brauchen.

Ich wünsche dir,
dass du Halt findest wie ein Efeu
an einem festen Stamm
und die Kraft hast,
ein Stamm zu sein für die,
die du tragen sollst.

*E*in reiches Leben wünsche ich dir,
in dem von allem etwas ist.
Auch von dem, was dir vielleicht
nicht wünschenswert erscheint.

»Es hat alles seine Zeit«,
sagt ein Dichter der Bibel:
»Alles Tun unter dem Himmel
hat seine Stunde.
Pflanzen hat seine Zeit
und Ausreißen seine Zeit,
Verwunden und Heilen,
Einreißen und Bauen.

Weinen hat seine Zeit
und Lachen seine Zeit,
Klagen und Tanzen.
Steine-Wegwerfen hat seine Zeit
und Steine-Einsammeln.

Umarmen hat seine Zeit,
Herzen und Fernesein vom Herzen.
Suchen hat seine Zeit und Verlieren,
Zerreißen hat seine Zeit und Zunähen.
Schweigen hat seine Zeit und Reden,
Liebe hat ihre Zeit und Hass,
Streit und Frieden.

Ich sah, wie die Menschen sich mühen,
und sah,
dass Gott ihnen die Mühe zumutet.
Er tut alles zu seiner Zeit
und lässt ihr Herz sich ängsten,
wie es weitergehen solle in der Welt.
Denn der Mensch
kann das Werk, das Gott tut,
doch nicht fassen.
Weder Anfang noch Ende.«

Ich wünsche dir nicht,
dass du ein Mensch seist,
rechtwinklig an Leib und Seele,
glatt und senkrecht wie eine Pappel
oder elegant wie eine Zypresse.

Aber das wünsche ich dir:
dass du mit allem,
was krumm ist an dir,
an einem guten Platz leben darfst
und im Licht des Himmels.
Dass auch,
was nicht gedeihen konnte,
gelten darf
und auch das Knorrige
und das Unfertige
an dir und deinem Werk
in der Gnade Gottes Schutz finden.

*H*in und wieder eine Stunde
    wünsche ich dir,
in der du den Reichtum erkennst,
der dir gegeben ist.

Vielleicht kannst du so mitsprechen:

Alles, mein Gott, kommt von dir:
Licht und Finsternis, Glück und Leid.

Nichts geschieht von selbst.
Dass es Tag wird, danke ich dir,
und dass es Nacht wird.

Alles, was ich erlebe, ist dein Geschenk.
Alle Liebe, die ich gebe oder empfange,
jeder Handgriff, der gelingt,
jeder Gedanke, den ich verstehe.

Was ich bin und habe, ist dein Wunder.
In allem sehe ich deine Absicht.
Ich danke dir
mit ganzem Herzen.

*D*ein Wille ist geschehen
     auf all den vielen Wegen,
die du mich geführt hast.
Ich danke dir,
dass ich sie nicht allein gegangen bin,
auch wenn ich selten ihr Ziel wusste
und ihren Sinn begriff.

Dein Wille ist geschehen
an den Tagen,
an denen ich glücklich war,
und an den Tagen,
an denen alles in Gefahr geriet.

Dein Wille ist geschehen
auch an allen dunklen Tagen
der Mutlosigkeit und der Angst.
Ich danke dir,
dass du mich durch sie geleitet hast
bis zu diesem Tag.

Ich danke dir
und vertraue mich deinem Willen an.

Wünschen möchte ich dir,
dass du leben darfst
und im Licht stehen,
auch wenn es Winter wird.

Denn die Jahreszeiten haben ihre Gesetze
und auch der Frost hat seinen Sinn.
Auch die Liebe muss es aushalten,
zuzeiten, dass sie schweigt,
dass sie sich nach innen wendet.

Auch der Glaube braucht Zeiten,
in denen er schweigt und sich verschließt.
Auch die Seele braucht Zeiten des Hörens,
in denen Gottes Gedanken sie finden.

Ich wünsche dir,
dass du auch das Eis des Winters erlebst
als eine Herrlichkeit von Gott
und darauf vertraust,
dass das Leben weitergeht
auf eine Weise,
die wir uns nicht ausmalen können.

Von Martin Luther King
sind diese Worte überliefert:

»Komme, was mag – Gott ist mächtig!
Wenn unsere Tage verdunkelt sind
und unsere Nächte finsterer
als tausend Mitternächte,
so wollen wir stets daran denken,
dass es in der Welt eine große,
segnende Kraft gibt, die Gott heißt.
Gott kann Wege weisen
aus der Ausweglosigkeit.
Er will das dunkle Gestern verwandeln
in ein helles Morgen
– zuletzt in den leuchtenden Morgen
der Ewigkeit.«

*D*er Dichter Eduard Mörike
sagt es so:

»In ihm sei's begonnen,
der Monde und Sonnen
an blauen Gezelten
des Himmels bewegt.
Du, Vater, du rate!
Lenke du und wende!
Herr, dir in die Hände
sei Anfang und Ende,
sei alles gelegt!«

Und dann,
nach all diesen Wünschen und Bitten,
verabschiedet sich der Gast.
Und es zeigt sich,
so erzählen es die Geschichten,
dass in ihm Gott verborgen war.

Wie aber Gott über diese Erde geht,
das schildert ein Bildhauer
an der Kathedrale von Autun:
Da ist das Kind Jesus unterwegs,
auf der Flucht.

Aber sein Weg ist keine Straße.
Er führt durch den ganzen Kosmos.
Unter seinen Füßen
sind die Ringe der Sterne,
der Planeten, der Monde, der Sonnen.

Das Kind ist der Herr
der großen und deiner kleinen Welt.
Es wandert durch die Welt
und kein noch so ferner Himmelskörper
zieht seinen Kreis ohne seine Gegenwart.

Auch du selbst nicht auf deinen Wegen
durch alle kommenden Tage.

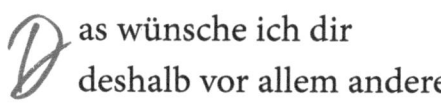as wünsche ich dir
deshalb vor allem anderen:

Gott, der Mächtige,
Ursprung und Vollender aller Dinge,
von dem du herkommst
und auf den du zugehst,

segne dich,
gebe dir Gedeihen und Wachstum,
Gelingen deiner Hoffnungen,
Frucht deiner Mühe,

und behüte dich
vor allen dunklen Gedanken,
sei dir Schutz in Gefahr
und Zuflucht in deiner Angst.

**Unser Gott lasse leuchten sein Angesicht
über dir,**
wie die Sonne über der Erde
Wärme gibt dem Erstarrten
und Licht allem, was lebt,

und sei dir gnädig,
wenn Schuld dich quält.
Er löse dich von allem Bösen
und mache dich frei.

Unser Gott erhebe sein Angesicht auf dich,
er sehe dein Leid und deine Schmerzen,
er höre deine Stimme,
heile und tröste dich

und gebe dir Frieden,
das Wohl des Leibes
und das Wohl der Seele,
Liebe und Glück.

Amen.
So will es Gott,
der von Ewigkeit zu Ewigkeit lebt.
So steht es fest nach seinem Willen
für dich.

Über den Autor

Jörg Zink (1922–2016) war einer der bekanntesten evangelischen Theologen der Gegenwart. Eine Vielzahl erfolgreicher Bücher zu Fragen des christlichen Glaubens und Lebens stammen aus seiner Feder. Der verheiratete Pfarrer engagierte sich in der Friedensbewegung und für den Umweltschutz. Bekannt wurde er außerdem als Sprecher für das Wort zum Sonntag in der ARD.

Über den Autor

Ignaz Aber (*1962 - 2015), war einer der be-
deutesten Fachautoren im Bereich der Ökonomie. 2006 erhielt er einen wichtigen Preis
für seine Arbeit zur staatlichen Ökonomie und
erhielt dafür mehrere Auszeichnungen. Der Verlag bedankt sich herzlich dafür, diesen Text
das letzte Mal noch für diesen Zweck erarbeiten
zu dürfen und weiter an diese Stelle zu
das Werk ins Deutsche zu übersetzen.

Die Seele altert nicht

128 Seiten | Kartoniert
ISBN 978-3-451-03267-7

*»Wozu wird man alt?, fragt sich mancher und kann nichts Nütz-
liches darin sehen. Aber diese Veränderung hat eine Botschaft
in sich: Du wirst noch gebraucht, du hast noch etwas zu tun.«*
(Jörg Zink)
Sehr persönlich und zuversichtlich, aber ohne Idealisierung
spricht der bekannte Theologe Jörg Zink über das Älterwerden.
Ein kleines Buch voller Gottvertrauen, das inspiriert und Kraft
schenkt.

Vom Glück, gelassen alt zu werden

192 Seiten | Kartoniert
ISBN 978-3-451-03263-9

Viele wünschen sich, ein gesegnetes Alter zu erreichen, verbinden damit aber auch manche Befürchtungen. Anselm Grün gewinnt dem Älterwerden positive Seiten ab und lädt seine Leser ein, diesen wichtigen Prozess bewusst wahrzunehmen und zu gestalten. Er beschreibt, wie man mit fortschreitendem Alter an Erfahrung, Weisheit und Milde zunimmt und lernt, einfach zu leben – ja, sogar neue Kraftquellen erschließen kann.

In jeder Buchhandlung!

HERDER